Schriftenreihe des Islamischen Zentrums München Nr. 26

KRIEG UND FRIEDEN
IM
ISLAM

Ahmad v. Denffer * Muhammad Ali al-Mahgary

Islamisches Zentrum München

1995

Satz und Textgestaltung: Tilmann Schaible
Umschlaggestaltung: Astrid Aidah Franzke

ISBN 3-89263-026-7

Islamisches Zentrum München
Wallnerstr. 1-5
D-80939 München
Tel. 089-325062
Fax 089-325077

Bismillah

ISLAM - WEG ZUM FRIEDEN

Ahmad v. Denffer

Vortrag im Rahmen der Islam-Woche in Darmstadt
(April 1986)

Frieden ist ein aktuelles Thema und zugleich schon ein fast abgedroschenes Wort. Vom Frieden redet heute fast jeder. Reagan in Amerika verspricht Frieden - durch den Krieg der Sterne. Gorbatschow in Moskau redet auch vom Frieden - und zeigt in Afghanistan, was er damit meint. Und so geht es weiter, von den großen Politikern - die nur große Politiker genannt werden, weil sie von Großmächten kommen - von den großen Politikern zu den mittleren, mittelmäßigen und den kleinen. Die Namen, die dazu passen, können Sie sich selbst aussuchen, darauf kommt es mir gar nicht an. Es steht jedenfalls fest: Vom Frieden *reden* tun viele, wirklich *Frieden bringen* aber *nicht*.
Noch seltsamer muß es deshalb dem einen oder anderen von Ihnen vorkommen, daß ich heute zu Ihnen über einen Weg zum Frieden spreche, der *Islam* heißt. Sie wissen natürlich: der Islam ist eine der großen Weltreligionen, die zahlenmäßig stärkste nach dem Christentum, aber nur, wenn man beide Konfessionen - katholische und protestantische - zusammenzählt. Vom Islam hat jeder schon einmal etwas gehört, besonders in der letzten Zeit. Immer wieder steht das ja in der Zeitung, kommt im Fernsehen vor und in den Nachrichten. Aber, werden Sie nun fragen, was kann das denn mit *Frieden* zu tun haben? Islam - Weg zum Frieden, das klingt für fast jeden Menschen paradox. Islam hat doch, so sagen Sie, mit dem "Heiligen Krieg" zu tun. Der Islam wurde doch, so haben wir es in der Schule gelernt, "mit Feuer und Schwert verbreitet". Die Muslime sind doch, so haben wir es im Kino gesehen, die in den weißen Gewändern, mit langen Turbanen, die auf den Pferden dahergaloppieren und die Säbel

schwingen. Und heute, so steht es in der Zeitung - ganz klar - sind sie es wieder, die sich vorwiegend mit dem Krieg beschäftigen: Iran und Irak, Palästina, Libanon, Araber und Israel, um nur ein paar Beispiele zu nennen. Also, was hat das mit Frieden zu tun, und wie kann das, der Islam, ein Weg zum Frieden sein? Das sind berechtigte Fragen.
Ich möchte versuchen, sie zu beantworten. Ob es gelingt, weiß ich nicht, aber wir wollen es versuchen. Und ich fange mit einer ganz einfachen Sache an, dem Wort Islam selbst.

Was bedeutet Islam?

Was *bedeutet* eigentlich das Wort *Islam*? Wir alle gebrauchen es, wir lesen und hören und reden davon, aber kaum einer weiß, was es wirklich bedeutet. Es kommt aus der arabischen Sprache, das wird der eine oder andere noch wissen, aber - wer kann schon Arabisch? Ich möchte es Ihnen erklären. Es ist ganz einfach:
In der arabischen Sprache - in den semitischen Sprachen überhaupt, z.B. auch im Hebräischen - sind es bei den Wörtern immer die Mitlaute, die Konsonanten, die den Sinn eines Wortes bestimmen. Sehen wir uns also das Wort Islam einmal genau an: Es hat drei Mitlaute, nämlich *s - l - m*. Die Selbstlaute sind i und a, aber sie interessieren uns hier im Moment noch nicht, nur das *s-l-m* ist wichtig für uns. Sie erhalten hier übrigens gerade Ihre erste kostenlose Einführung in die arabische Sprache. Passen Sie also gut auf, es ist Bildung und sie kostet nichts. - Spaß beiseite, also, es geht um die Mitlaute *s-l-m*. Es gibt ein anderes arabisches Wort, das genau diese Mitlaute hat. Jeder von Ihnen kennt es. Wenn Sie nicht sofort darauf kommen, stellen Sie sich vor, Sie sind beim Kreuzworträtsel, also: gesucht - arabisches Wort mit fünf Buchstaben, drei davon kennen wir schon, der erste ist *s*, der dritte ist *l* und der fünfte, der letzte, ist *m*. Wie heißt das Wort? Das wissen Sie. Richtig, es heißt "*salam*". Es ist der Anfang des Grußes, den die Muslime verwenden, wenn sie einander begrüßen. Sie sagen nämlich, das wissen Sie alle,

"salam alaikum" - das kennen Sie schon, der Volksmund hat damit ja genug Spott getrieben, es ist schon ein geflügeltes Wort. Und jetzt: Was *bedeutet* es denn überhaupt, dieses "*salam alaikum*"?
Es bedeutet: *Friede sei mit euch*. Der eine oder andere von Ihnen kennt vielleicht auch das Wort "schalom". Das heißt auch *Friede*, genau wie *salam*. Es ist das hebräische Wort, auch aus einer semitischen Sprache, und es klingt fast genau so - "salam" heißt also *Friede*. Und jetzt geht es weiter. Wir hatten gerade gesagt, daß die Mitlaute des Wortes die Bedeutung ausmachen. Beim Wort salam, das Friede heißt, - das wissen Sie selbst, das ist gar nichts Neues, was ich Ihnen hier erzähle - beim Wort *salam* sind es die Mitlaute *s-l-m*, genau wie beim Wort *Islam*. Das Wort *Islam* hat also ganz bestimmt etwas mit dem Wort *salam*, mit dem Wort für *Frieden* zu tun.

Islam ist Friedenmachen

Ich will es Ihnen sagen, *Islam* bedeutet wörtlich: *Frieden machen*. Das arabische Wort *Islam bedeutet*, wenn man es korrekt und wörtlich in die deutsche Sprache übersetzt: *Frieden machen*. Es ist ein Hauptwort, also muß man, wenn man es ganz genau nimmt, sagen: *der Islam* ist "*das Friedenmachen*". Das ist der erste wichtige Punkt, auf den ich Sie heute abend hinweisen will. Wir alle kennen das Wort, aber fast niemand weiß, was es eigentlich bedeutet. *Sie* wissen es jetzt: Islam heißt "Frieden machen", aber es bleibt dabei, daß 99,9 % der Leute das nicht wissen. Und wenn das so ist, dann darf man sich auch nicht wundern, daß die Leute den Islam ganz falsch verstehen, und man darf es ihnen auch nicht übelnehmen. Es ist ganz klar, daß man den Islam aufgrund verschiedener falscher Meinungen und Informationen eher mit Krieg als mit Frieden in Verbindung bringt, wenn man wirklich nicht weiß, was das Wort Islam bedeutet: *Friedenmachen*.
Ganz kurz noch, weil wir schon dabei sind, will ich Ihnen noch ein drittes Wort erklären, das Sie ebenfalls kennen, und das

wieder die drei Mitlaute *s-l-m* hat, das Wort *Muslim*. Der Muslim - wir sprechen immer vom Muslim, nicht vom Mohammedaner, weil es in Wirklichkeit ja nicht um Mohammed geht - der *Muslim* ist derjenige, *der Frieden macht*, das Wort Muslim bezeichnet die Person, die den Islam zur Religion hat, das Friedenmachen, und er ist der Mensch, der das Friedenmachen tut, also Muslim heißt ganz einfach: *einer, der Frieden macht*. Aber das nur am Rande.

Und nun zu der eigentlich wichtigen Frage: Islam - Weg zum Frieden. Sie haben schon gemerkt: ich sagte nicht "Islam, ein Weg zum Frieden", sondern "Islam - Weg zum Frieden". Das bedeutet, dahinter steckt ein Anspruch. Das bedeutet: Islam ist nicht ein Weg zum Frieden, der neben manchen anderen Wegen steht, sondern das bedeutet: Islam ist *der* Weg zum Frieden überhaupt. Wie soll man das verstehen, werden Sie sagen. Ich möchte es Ihnen erklären.

Vier Bereiche

Islam als Weg zum Frieden schließt vier große Bereiche ein, und jeden von diesen vier großen Bereichen wollen wir kurz betrachten. Islam ist die *Lebensweise des Friedenmachens*, und dabei geht es um viererlei: um den Frieden mit *Gott*, um den Frieden mit sich *selbst*, um den Frieden mit den *Mitmenschen*, und um den Frieden mit der *Schöpfung* überhaupt.

Ich sage Ihnen folgendes: Diese vier hängen ganz eng miteinander zusammen, eines baut auf dem anderen auf. Sie können anfangen wo Sie möchten, meinetwegen am Schluß, beim Frieden mit der Schöpfung, fangen wir da einmal an, das ist ja heute eine aktuelle Frage. Der Mensch befindet sich heute - das weiß nun fast jeder - jedenfalls *nicht* im Frieden mit der Schöpfung, *nicht* im Frieden mit der Natur, *nicht* im Frieden mit der Umwelt. Das kann jeder sehen, der Augen im Kopf hat. *Und woher kommt das?*

Es kommt daher, weil zwischen den Menschen statt Übereinstimmung und Harmonie Unfrieden, Neid, Eifersucht und der

Wunsch den anderen zu übervorteilen steht. Der Raubbau, der mit der Natur getrieben wird - das Wort Schöpfung ist ja nur ein anderes Wort für Natur - der Raubbau, der da von den Menschen getrieben wird, hat seine Ursache darin, daß jeder den anderen übertreffen will, und mancher den anderen sogar vernichten möchte. Es ist ein Kampf zwischen den einzelnen Menschen - wenn der Nachbar ein neues Auto gekauft hat, brauche ich ein noch besseres. Sie kennen das alle, ich brauche darüber nicht mehr zu sagen, und es ist ein Kampf der Systeme, wenn die Amerikaner auf dem Mond gelandet sind, müssen die Russen sie übertreffen - auch das ist bekannt. Es geht so im Kleinen, wie im Großen. Der *Unfriede zwischen den Menschen* führt zum *Unfrieden in der Natur*, in Gottes Schöpfung.

Und der Unfriede zwischen den Menschen, *woher kommt der?* Ich habe es Ihnen schon gesagt: Er kommt vom *inneren Unfrieden im Menschen* selbst. Es kommt daher, daß viele Menschen heute *keinen inneren Frieden* gefunden habe, daß sie mit sich selbst im Streit sind, innerlich unzufrieden. Und das lenken sie nach außen, weil ja kein Mensch auf Dauer mit einem inneren Konflikt leben kann. Dieses Prinzip kennen Sie ebenfalls, da erzähle ich Ihnen auch nichts Neues. Das wissen Sie: Wenn es irgendwo in einem Land politische Schwierigkeiten gibt, was tun die Machthaber? Sie brechen einen außenpolitischen Konflikt vom Zaun, sie fangen einen Krieg an, um von der inneren Schwierigkeit abzulenken. Genau so ist das mit den einzelnen Menschen auch. Wenn sie innere Not leiden, *im Herzen keinen Frieden* gefunden haben, dann werden sie das nach außen tragen und *das führt zum Streit* mit anderen, sei es der Ehegatte, sei es der Vater oder die Mutter, Nachbarn, Arbeitskollegen, wer auch immer. Der *innere Unfriede führt zum äußeren Unfrieden*, und der äußere Unfriede, der Unfriede mit den anderen Menschen, führt zum Unfrieden, zum Unheil in der Schöpfung, der Natur, der Umwelt. So weit ist das, glaube ich, einigermaßen verständlich. Vielleicht sieht das nicht jeder so deutlich, in dieser Klarheit, wie ich das gerade erklärt habe, aber ich glaube, jeder von Ihnen spürt zumindest: da ist schon etwas dran an dem, was der da erzählt.

Warum kein innerer Friede?

Und jetzt müssen wir fragen: *Woher kommt es*, daß so viele Menschen keinen inneren Frieden haben? Auch das wissen Sie nun schon: Es kommt daher, daß sie sich *nicht im Frieden mit Gott* befinden. Davon hängt letztlich alles ab. Gott ist der Schöpfer, nicht nur des Menschen, sondern von allem, was es gibt. Er ist der "Herr der Welten", heißt es im Heiligen Koran. Gott, der Schöpfer, der den Menschen geschaffen hat, hat ihn auch mit allem versorgt, was er zum Leben braucht. Die ganze Schöpfung hat Gott dem Menschen *anvertraut* - nicht "untertan gemacht", wie es in den Bibelübersetzungen oft heißt, sondern zur Nutznießung anvertraut. Und Gott hat für den Umgang mit der Schöpfung einen *klaren Weg* gezeigt, den *Weg des Friedens*, den Weg des Islam, des Friedenmachens. Alles, was in den Himmeln und auf der Erde ist, so heißt es im Heiligen Koran, wirft sich nieder vor Gott, ist Gott ergeben, willentlich oder notwendigerweise. *Auch für den Menschen gibt es diesen Weg des Friedens und des Friedenmachens*. Im Unterschied zur übrigen Schöpfung aber soll der Mensch *sich selbst dafür entscheiden*, im Frieden mit Gott zu leben, und damit im Frieden mit sich selbst, dann dadurch im Frieden mit den übrigen Menschen und so auch im Frieden mit der Schöpfung überhaupt. Hier schließt sich dieser Kreis. Ich möchte Ihnen aber noch kurz erklären, wie das aussieht, dieses Friedenmachen mit Gott, und Ihnen dann einige Hinweise geben, die auch für Sie sicher von Interesse sind.

Frieden und Gottes Wille

Für den Menschen sieht es im Hinblick auf Gott genau so aus, wie für die übrige Schöpfung: Friede mit Gott entsteht durch Fügung in Gottes *Willen*, dadurch, daß man so *lebt, wie Gott es will*, und Unfriede mit Gott, Streit mit Gott entsteht dadurch, daß der Mensch sich *Gottes Willen widersetzt*, dadurch, daß man so lebt, wie Gott es nicht will. Das ist der Schlüssel zu dem ganzen Problem. Gott, der den Menschen geschaffen hat, weiß zweifellos auch, was für den Menschen gut und nützlich ist, und was ihm schadet. Gott selbst hat für den Menschen - wie für die Schöpfung überhaupt - den Lebensweg, die Lebensweise des Friedenmachens vorgesehen, und das geschieht - und kann nur geschehen - dadurch, daß der Mensch Gottes Willen *annimmt* und sich zu eigen macht, daß er so *lebt, wie Gott es will*. Das ist Islam, die zweite Bedeutung des Wortes Islam: eine Lebensweise im *Gehorsam gegenüber Gott*. Und hierzu möchte ich Ihnen nun noch die wichtigsten Dinge erläutern, damit Sie nicht heute von hier fortgehen und sagen: Der hat uns vorgetragen, *daß* etwas getan werden muß, aber *was* getan werden muß, hat er nicht gesagt.

Gehen wir also einmal der allerersten Frage nach, dem Frieden des Menschen mit Gott. Ich habe da eine ganz klare Antwort für Sie, auf die Frage, was da getan werden muß. Gott selbst hat es uns Menschen ja gesagt. Sie kennen wohl alle den Satz, um den es da geht. Im Alten Testament heißt er: "Ich bin der Herr dein Gott, du sollst keine anderen Götter haben neben mir". Das kennen Sie natürlich. Aber vielleicht haben Sie nicht gewußt, daß gerade dieser Satz auch der erste und wichtigste Grundsatz des Islam ist, des Friedenmachens. Im islamischen Zusammenhang heißt dieser Satz, der zugleich das islamische Glaubenszeugnis ist: *la ilaha illa llah*, zu Deutsch: *es gibt keinen Gott außer Allah*.

Wer ist Allah?, werden Sie fragen. Allah ist der Name, den der Heilige Koran, das Buch des Islam, für den *einen* einzigen Gott gebraucht. Da wir schon vorher ein bißchen Arabisch gelernt haben, hier noch etwas dazu: Das interessante an diesem Wort ist, daß es eigentlich aus zwei Bestandteilen zusammengesetzt ist, nämlich *al-* und *llah*. Das wurde verschmolzen zu *Allah*. "*Al-*" ist einfach der Artikel, heißt also "der", und auch "die" und "das" (im Arabischen gibt es da keinen Unterschied) und

"*Ilah*" ist der Name Gottes. Allah heißt also "*der Gott*", und gemeint ist *der eine einzige wahre Gott*. Interessanterweise gibt es für dieses Wort im Arabischen auch keine Mehrzahlform, wie das Wort "Götter" die Mehrzahl von "Gott" ist. Aber das nur nebenbei. Das wirklich Wichtige ist folgendes: Wo es den *einen einzigen wahren Gott* gibt, da haben die Menschen dann auch die *vielen falschen Götter*, die Götzen aufgestellt.

Friede mit dem wahren Gott

Beim Islam - Friedenmachen mit Gott - geht es nun um folgendes: Mit dem *einen* wahren Gott kannst du nur Frieden machen, wenn du dich von den vielen anderen *falschen Göttern* trennst. Kein Mensch kann gleichzeitig zwei Herren dienen oder noch mehr. Nur *einem* gegenüber kann er völlig treu und ergeben sein, denn immer dann, wenn der eine etwas verlangt, das der andere nicht will, gäbe es einen Konflikt.
Gott, Allah, ist für den Muslim der Schöpfer, der dem Menschen auch den Lebensweg und die Lebensweise vorgeschlagen hat. Gott zeichnet sich dadurch aus, daß Er vom Menschen Gehorsam verlangt. Auch den falschen Göttern, die der Mensch neben Gott, oder gar an die Stelle Gottes, gesetzt hat, bietet der Mensch Gehorsam an. Der Mensch, statt sich frei zum Gehorsam Gott gegenüber zu entscheiden, begibt sich in die *Gefangenschaft* und *Sklaverei den falschen Götzen* gegenüber. Er läßt sein Leben bestimmen, statt vom Willen Gottes, durch den Götzen Mammon, statt vom Willen Gottes durch den Götzen Genußsucht, statt vom Willen Gottes durch den Götzen der Eigensucht.
Götzen, falsche Götter, denen der Mensch zu folgen bereit ist, sind nicht einfach Figuren aus Holz oder Stein, wie man sie sich vom Urlaub in Afrika mit nach Hause bringt, nein, die wirklichen Götzen unserer Zeit und unserer Gesellschaft sind unsichtbar und trotzdem weitaus gefährlicher als solche Masken und Figuren: Es sind die Vorstellungen und Ideen, die den Menschen zwingen wollen, oder besser gesagt, mit denen der

Mensch selbst sich dazu zwingt, dem wahren Gott den Gehorsam zu verweigern.
Daß es nur *einen* Gott gibt, der über das Gute und Schlechte, über Erlaubtes und Verbotenes entscheidet, ist der islamische Grundsatz, mit dem alles steht und fällt. Und Gott, so heißt es im Heiligen Koran, ist bereit, dem Menschen, der *aufrichtig bereut*, jede Sünde zu *vergeben* - ohne Kreuzestod und Menschenopfer, sondern einfach aus Seiner *Barmherzigkeit* heraus - Gott ist bereit, alle Sünden zu vergeben, außer einer einzigen: daß du etwas anderes an Seine Stelle setzt, daß du die falschen Götter dein Leben leiten läßt und den wahren Gott beiseite schiebst. *Friedenmachen*, das geht *nur mit dem wahren Gott*, und jeder, der sein Leben leiten läßt durch Werte, Ideen und Vorstellungen, die dem Willen des wahren Gottes widersprechen, der muß unweigerlich in Streit und Unfrieden mit Gott geraten, und genau das ist es, was geschehen ist und geschieht: Mitten um uns herum haben die Menschen aufgehört zu fragen: Was sagt Gott dazu, wie ich lebe, und was will Gott von mir in meinem Leben?, und so sind sie vom Unfrieden mit Gott zur eigenen Friedlosigkeit gekommen, die Streit und Krieg zwischen den Menschen und die Zerstörung der Schöpfung Gottes mit sich bringt.

"Heiliger Krieg"?

Lassen Sie mich auch zum Stichwort Krieg noch etwas sagen. Das ist ja eines der am weitesten verbreiteten Stichworte und Vorurteile, das im Zusammenhang mit dem Islam immer wieder vorkommt: der sogenannte "Heilige Krieg". Wenn Sie sich die Mühe machen würden, einmal den Koran, die Heilige Schrift des Islam auf das Stichwort "Heiliger Krieg" hin durchzublättern, dann wären Sie danach bestimmt verwirrt. Sie müßten nämlich feststellen daß es den Ausdruck "Heiliger Krieg" *im Koran* gar *nicht gibt*. Der "Heilige Krieg" stammt allenfalls aus der Bild-Zeitung, aber nicht aus dem Koran. Genauer gesagt: der Begriff "Heiliger Krieg" im abendländischen Sprachgebrauch stammt aus der Zeit der Kreuzzüge, als die Kirche sich an die Spitze einer Bewegung stellte, die aus dem Herzen des christlichen Abendlandes aufbrach, mit Feuer und Schwert ins Heilige Land zu ziehen. Diese sogenannten Kreuzzüge zur Befreiung des Grabes Christi, wie man damals im Mittelalter sagte, waren völlig überflüssig und durch nichts zu rechtfertigen, denn die damaligen Verwalter der Heiligen Stätten in Jerusalem, die Muslime, erlaubten allen Wallfahrern den Besuch: Christen und Juden - das letztere war im Mittelalter in Europa ja etwas völlig Unerhörtes.

Es ging in Wirklichkeit auch um Machtpolitik und wirtschaftliche Interessen, den Levante-Handel, die Gewürze usw. - wie gesagt, es war durch nichts zu rechtfertigen. Also erfand die Kirche damals, an der Spitze der Kreuzzugsprediger der Abt Bernhard von Clairvaux, den "Heiligen Krieg". Jedem Kreuzfahrer, der sich an diesem absolut unchristlichen Blutvergießen zu beteiligen bereit war, wurde die Vergebung selbst seiner schlimmsten Sünden versprochen. Der Krieg gegen die Heiden, damals waren es die Muslime, den die sogenannte christliche Kirche propagierte, das ist der eigentliche Ursprung des Begriffes "Heiliger Krieg". Und dieser Begriff wird bis heute dann mit dem Islam in Verbindung gebracht, wohl, damit die Leute glauben, der Islam vertrete eine ähnliche völlig areligiöse und inhumane Auffassung von Krieg und Frieden sowie der Rolle, die die Religion dabei zu spielen hat. Das, meine Damen und Herren, ist völlig falsch.

Wie gesagt, wenn Sie den Heiligen Koran einmal durchlesen - ich kann Ihnen das nur wärmstens empfehlen, denn danach wissen Sie selbst Bescheid darüber, was den Islam und seine Hauptlehren betrifft, und müssen sich nicht immer durch Ansichten aus zweiter oder gar dritter Hand abspeisen lassen - wenn Sie also den Heiligen Koran einmal durchlesen, werden Sie den Begriff "Heiliger Krieg" dort gar nicht finden. Er steht nicht im Heiligen Koran und hat folglich auch mit dem Islam nichts zu tun. Jeder, der weiß - und Sie wissen das ja jetzt auch

- daß Islam *Friedenmachen* heißt, der kann sich das selbst ableiten, daß so etwas wie "Heiliger Krieg" gar nicht dazu paßt.

Islam und Krieg

Nachdem dies nun geklärt ist, wird Sie sicher interessieren, wie es sich denn dann wirklich mit dem Krieg im Islam verhält. Die Sache ist ganz klar. Krieg ist *das Schlimmste*, was der Menschheit passieren kann. Der Krieg zerstört und vernichtet alles, Menschen, Städte, Länder, alles. Es gibt *nichts schlimmeres* als den Krieg, diese völlige Vernichtung. Es gibt nichts schlimmeres *auf dieser Erde* als den Krieg. Nur noch im Jenseits, im Leben *nach dem Tod*, an das wir Muslime fest glauben, gibt es eine *schlimmere Vernichtung*, eine schlimmere Zerstörung, einen schlimmeren Schaden: das Feuer der Hölle, von dem der Heilige Koran sagt: sein Brennstoff sind Menschen und Steine.
Der Islam *verbietet*, weil der Krieg die schlimmste Vernichtung darstellt, jeden *Krieg*, mit einer *Ausnahme*: Dort, wo es darum geht, vor der noch größeren, noch schlimmeren Vernichtung zu *schützen*, der Vernichtung im Jenseits. Vielleicht verstehen Sie das nicht gleich, darum will ich es erklären: im Islam ist jeder Krieg verboten, mit der Ausnahme eines einzigen Krieges: Krieg, der geführt wird, um sicherzustellen, daß die Menschen *frei dem einen und einzigen Gott dienen* können. Krieg um politischer Macht willen ist nicht islamisch, Krieg um wirtschaftlicher Interessen willen ist nicht islamisch, Krieg aus nationalem Interesse ist nicht islamisch, usw. - jeder Krieg ist nicht islamisch, bis auf den Krieg, der von Menschen geführt wird, um sicherzustellen, daß man sich *frei dafür entscheiden kann, Gott wohlgefällig zu leben*. Dort, wo jemand mit Gewalt verhindern will, daß die Menschen, die das möchten, ihr Leben im Frieden mit Gott leben, dort gilt für den Muslim, daß er nicht nur dagegen einschreiten darf, sondern *einschreiten muß*, und zwar so lange und mit solchen Mitteln, bis diese Freiheit, dieses Grundrecht des Menschen auf freie Ausübung seines Glaubens und seiner Religion gesichert ist. Ein Beispiel, damit Sie

verstehen, was ich meine, ist Afghanistan. Dort ist eine Macht, die den Atheismus auf ihre Fahnen geschrieben hat, d.h. die Gottlosigkeit verbreiten will, die versucht, Menschen, die nicht ohne Gott leben wollen, zur Änderung ihrer Lebensweise zu zwingen. Dort haben die Muslime nicht nur das Recht, sondern sie sind *verpflichtet*, alles ihnen mögliche zu tun, dies zu unterbinden, notfalls auch mit Gewalt, notfalls auch unter Einsatz von Leib und Leben.
Nur in einem solchen Fall - und Afghanistan ist solch ein Fall - gibt es also auch Krieg im Islam. Ich glaube, wenn man darüber ein bißchen nachdenkt, wird man erkennen, wie sehr sich dieser Grundsatz von dem unterscheidet, was man landläufig unter dem "Heiligen Krieg" versteht.

Kein Zwang im Glauben

Und noch ein Stichwort: Wie gesagt, "Heiliger Krieg" steht also nicht im Heiligen Koran. Dafür steht etwas ganz anderes da, nämlich das Wort *Dschihad*. Dschihad wird vom Muslim verlangt, nicht Krieg. *Dschihad* heißt wörtlich "Anstrengung". Es geht darum, daß der Muslim, was er tut, mit Anstrengung tun soll, mit ganzem Einsatz könnte man sagen. Und dieser ganze Einsatz verlangt eben notfalls auch in dem geschilderten Fall den Einsatz von Leib und Leben, wenn alle anderen Mittel und Wege erfolglos geblieben sind, und die Menschen gewaltsam daran gehindert werden, dem *einen* wahren Gott zu dienen und ihr Leben so zu gestalten, wie es Gott wohlgefällig ist. Und bitte, verstehen Sie mich recht: Es geht hier um die *Freiheit, ja zu sagen* zu Gottes Weg des Friedenmachens, nichts sonst. Wer will, soll die Freiheit haben, ja sagen zu können, darum geht es. Wer nicht will, braucht es nicht. Die Menschen sind frei in ihren Entscheidungen. Ein ganz wichtiger Satz aus dem Heiligen Koran lautet: "*Es gibt keinen Zwang im Glauben, und Irregehen und Rechtleitung sind klar unterschieden*", d.h.: der Mensch kann sich frei entscheiden. Worum es geht ist, daß diese Möglichkeit zur freien Entscheidung unter allen

Umständen bestehen muß, weil hiervon ja auch das zukünftige Leben des Menschen abhängt: Gottes Lohn für den, der sich bemüht, Gott wohlgefällig zu leben, und Gottes Strafe für den, der sich dagegen entschieden hat.
Um den Menschen davor zu bewahren, der noch größeren Vernichtung im Jenseits ausgeliefert zu sein, die von unendlichem Ausmaß und von unbegrenzter Dauer ist, erlaubt der Islam dann notgedrungen den Krieg als die kleinere Vernichtung auf dieser Erde, die im Vergleich zum Jenseits trotz allen Schreckens eine begrenzte Vernichtung ist.
Ich weiß, akzeptieren kann diese Anschauung nur der, der wirklich an das Jenseits glaubt, aber selbst der unter Ihnen, der nicht daran glaubt, kann sie sicher nachvollziehen, denn sie ist ohne Zweifel schlüssig und sinnvoll.
Gebe Gott, daß uns die große und die kleine Vernichtung erspart bleiben, möchten wir jetzt beten. Aber dazu können wir auch selbst noch etwas *tun*, nämlich statt Krieg - *Frieden machen*. Und hier wissen Sie natürlich schon, was ich jetzt meine: Frieden machen mit Gott, dann mit sich selbst, dann mit den anderen Menschen, dann mit der Schöpfung, der Welt überhaupt. Das ist es, worum es hier geht, und das ist der *Weg zum Frieden*, den der Islam darstellt.

Eine interessante Frage

Und zum Abschluß eine interessante Frage: Alle reden vom Frieden. Wir auch. Aber ich glaube, es gibt niemanden, der so oft vom Frieden redet, wie ein aufrichtiger Muslim. Wie oft er das tut, das kann man kaum zählen. Beschränken wir die Frage einmal auf einen bestimmten Zeitraum, sagen wir: Wie oft am Tag spricht ein Muslim vom Frieden?
Sie werden überrascht sein - ich war es auch, als ich mir diese Frage zum ersten Mal gestellt habe. Vom Friedensgruß der Muslime haben wir ja schon am Anfang gesprochen. Immer dann, wenn ein Muslim einem anderen begegnet, sagt er "Friede sei mit Euch", und wenn er sich verabschiedet ebenfalls. Je mehr

Menschen er trifft, um so öfter sagt er das, um so öfter wünscht er und spricht er vom Frieden.
Aber das ist nicht alles. Selbst wenn er keinen anderen Menschen treffen würde, wird er trotzdem jeden Tag vom Frieden sprechen, mehrmals jeden Tag, und sich dadurch daran erinnern, was *seine Bestimmung*, sein Aufgabe *als Muslim* ist: Frieden machen, Frieden bringen, im Frieden sein mit Gott, mit sich selbst, mit den anderen und mit allem um ihn herum.
Wissen Sie, daß der Muslim jedes seiner fünf täglichen Gebete mit diesem Friedensgruß beschließt? Nach jedem Gebet sagt er zweimal "Friede sei mit Euch" - "as-salamu alaikum". Das wären zehn mal am Tag, wenn er die vorgeschriebenen Gebete verrichtet. Zehn mal am Tag spricht der Muslim vom Frieden, erinnert sich daran. Wer sonst, außer einem Muslim, kann das von sich behaupten, daß er regelmäßig jeden Tag, zehn mal vom Frieden spricht? Selbst die Leute aus der Friedensbewegung tun das nicht.
Aber das ist nicht alles. Neben den vorgeschriebenen Gebeten verrichtet fast jeder Muslim auch noch freiwillige Gebete, nämlich vor und nach den Pflichtgebeten, und auch da sagt er jedes Mal zum Abschluß "as-salamu alaikum" - zweimal. Insgesamt, wenn man die zehn mal und die übrigen 14 mal zusammenzählt, sind es 24 mal. Und damit nicht genug. In jedem dieser Gebete betet der Muslim: "as-salamu alaina wa ala ibadi llahi salihin", d.h. "Friede auf uns und auf Gottes rechtschaffenen Knechten", manchmal sagt er es einmal, manchmal zweimal, aber mindestens 15 mal, das heißt zusammen 39 mal, und wenn er noch das späte Nachtgebet betet, das man "witr" nennt, dann jedenfalls mehr als 40 mal am Tag. ***Wer, außer einem Muslim***, kann das von sich behaupten, daß er ***jeden Tag*** in seinem Leben, ***mehr als 40 mal vom Frieden spricht***?
Es ist ganz klar: Allein vom Frieden zu *sprechen*, genügt nicht. Ich habe auch nicht gemeint, daß jeder, der nun diese täglichen Gebete spricht, das immer in dem vollen Bewußtsein tut, daß es dabei um den Frieden geht. Aber ich sage: ***Wer, außer dem***

Muslim, hat eine Religion, eine Weltanschauung, eine Lebensweise, zu der es ganz *unverzichtbar hinzugehört*, daß er *mehr als 40 mal am Tag vom Frieden spricht*?
Hier geht es nicht darum was der Mensch mit diesem Lebensweg, den der Schöpfer ihm vorgeschlagen hat, gemacht hat - denn der Mensch ist frei, Gottes Rat anzunehmen oder abzulehnen, und bei Annahme lohnt es ihm Gott und bei Ablehnung straft Er den Menschen. - Hier geht es darum: Wie ist dieser Weg beschaffen? Er hat mit Frieden zu tun, es handelt sich um den Weg des Friedenmachens - und das nimmt außer uns Muslimen *niemand* für sich in Anspruch. Liebe, wie im Christentum, ja - Leiden wie im Buddhismus, ja - aber *Frieden als zentraler Begriff*, ja sogar als Bezeichnung und Kennzeichen, das gibt es *nur beim Islam*.
Darum sage ich: Der Weg des Friedenmachens, der Weg des Islam, das ist der Weg, nach dem letztendlich die Menschen wirklich suchen. Und gerade deshalb wird der Islam von den Feinden des Friedens so heftig bekämpft, verleumdet und falsch dargestellt. Sie, die auf Kosten anderer Menschen leben, sich Luxus leisten können, weil andere sich in Einschränkung, Unfreiheit und Armut befinden, sie haben kein Interesse daran, daß dieser Weg des Friedens sich weiter verbreitet, daß er richtig verstanden und daß danach gelebt wird. Denn *Frieden bedeutet* auch das *Ende von Ungerechtigkeit und Unterdrückung*.
Zu diesem Weg, den der Schöpfer für uns Menschen vorgesehen hat, möchte ich Sie heute ganz herzlich einladen. Denken Sie einmal darüber nach, noch heute abend, bevor Sie einschlafen: Kann es denn überhaupt Frieden geben, *ohne* daß es Menschen gibt, *die Frieden machen*? Und *kann* nicht *ich selbst*, *soll* nicht *ich selbst*, muß nicht ich selbst und zu allererst ein solcher Mensch sein, der Frieden macht mit Gott, dann mit sich selbst, um den Frieden zu bringen für die anderen Menschen, die Mitmenschen, und für die Schöpfung Gottes überhaupt?
Muß nicht ich, müssen nicht Sie damit anfangen?
Möge Gott, der Barmherzige, es Ihnen leicht machen.

WAS SAGT DER ISLAM ZU KRIEG?

Muhammad Ali al-Mahgary

Vortrag, gehalten am 10.Oktober 1992 auf dem 4.regionalen Treffen deutschsprachiger Muslime (Südost) in Nürnberg

Bismi-llahi-r-Rahmani-r-Rahim - Preis und Lob sei Allah. Es gibt keinen Gott außer Ihm. Er weiß alles, was verborgen und was offenbar ist, und Er ist der Barmherzige und Erbarmer. Er ist Allah, außer Ihm gibt es keinen Gott. Er ist der König und der Hochheilige, der Frieden und Sicherheit schenkt wem Er will. Er hat Gewalt und Macht über alle Dinge, und niemand kann Seiner Hoheit und Seinem Stolz im geringsten etwas anhaben. Er ist sehr weit erhaben über all dem, was die Menschen Ihm an Götzen beigesellen. Und der Friede Gottes Seinem Diener und Gesandten Muhammad, den Er vor knapp vierzehnhundert Jahren als letzten Propheten mit Seiner Botschaft und dem letzten heiligen Buch zu den Nachkommen Abrahams und Ismails sandte. Er las ihnen die Verse des Korans vor, lehrte sie die Schrift und Weisheit und läuterte ihre Seelen. Er tat das, der Friede Gottes sei mit Ihm, 23 Jahre lang, nämlich von seiner Berufung, als der Koran ihm nach und nach durch den Erzengel Gabriel offenbart wurde, bis er starb. Seine Aussprüche und sein Verhalten während seines ganzen Lebens zeigten und zeigen den Gläubigen heute und bis zum Jüngsten Tag, wie sie nach dem Koran leben können, damit sie das Wohlgefallen Gottes erlangen und im Diesseits und Jenseits glücklich leben.
Er sagte kurz vor seinem Tod: "Ich sehe, daß die Zeiten der Verwirrung und Prüfungen auf euch zukommen, wie die Zeiten der dunklen Nacht." Die Gefährten fragten: "Was kann uns davor retten, oh Gesandter Gottes?", und er antwortete: "Das Buch Gottes und meine Sunna" (d.h. das, was über sein Leben als Gesandter Gottes überliefert wird). Und so werden wir, wenn wir die Gebote und Verbote Gottes wissen wollen, auf die Heilige Schrift, den Koran, und die richtigen Überlieferungen vom Gesandten Gottes zurückgreifen.

Krieg im Islam?

Und was sagen uns jetzt diese zwei großen Quellen des Islam über Krieg? Wer den Koran liest - und ein gläubiger Muslim, ob Mann oder Frau, soll den Koran sorgfältig und mit Hingabe immer wieder in seinem Leben vom Anfang bis zum Ende lesen - also, wer den Koran liest, findet sehr viele Abschnitte, die sehr klar erläutern, wann, wie und wie lange Gläubige einen Krieg führen sollen.

Die erste Erlaubnis für die Muslime, einen Krieg zu führen, kam mit den Versen in Sure al-Hadsch (22:39-40), deren Übersetzung heißt: "*Gott hörte die Klagen und Hilferufe derjenigen, die verfolgt und getötet werden, denen die grundsätzlichen Rechte geraubt werden, und Gott kann ihnen gewiß helfen; derjenigen, die ohne Recht aus ihren Wohnstätten vertrieben wurden, nur weil sie sagten: Unser einziger Gott ist Allah. Und hätte Gott nicht erlaubt, daß eine Gruppe der Menschen gegen eine andere kämpft, so würden Klöster, Synagogen, Tempel, Kirchen und Moscheen, in denen der Name Gottes oft gepriesen wird, zerstört. Allah wird gewiß denjenigen zum Sieg verhelfen, die sich für Ihn und Sein gerechtes Gesetz einsetzen.*"

In anderen Versen der Sure al-Baqara (2:190-1) heißt es über die Umstände, die den Gläubigen erlauben, einen Krieg zu führen: "*Und bekämpft auf dem Pfad Gottes diejenigen, die euch töten und vernichten wollen. Ihr dürft aber nicht übertreiben, denn Gott liebt nicht die Aggressiven. Tötet sie überall, wo ihr sie erwischt, und vertreibt sie aus den Orten, aus denen sie euch vertrieben.*"

Widerwillig töten

Dreizehn Jahre lang lebten die Muslime als kleine hilflose Minderheit in Mekka. Sie wurden brutal verfolgt und mißhandelt und durften trotzdem keine Gegengewalt anwenden. Als es manchen von ihnen unerträglich wurde, riet der Prophet ihnen, nach Äthiopien auszuwandern. Nun, als sie in ihrer neuen Heimat Medina zusammen mit ihren medinensischen Brüdern eine muslimische Gemeinde bilden konnten und den neu gebildeten Staat auch mit Gewalt verteidigen durften, da war manchen von ihnen das Töten zuwider. Allah offenbarte in der Sure al-Baqara (2:216), um sie zum Kampf zu ermutigen, etwa: "*Das Kämpfen ist euch auferlegt, obwohl es euch zuwider ist. Manche Sachen können euch zuwider sein, obwohl sie gut für euch sind, und manche Sachen sind euch lieb, obwohl sie für euch schädlich sind. Gott weiß, was ihr nicht wißt.*" Weiter heißt es in der Sure al-Baqara (2:217): "*Sie fragen dich, ob man im Heiligen Monat kämpfen darf. Sag ihnen: Es ist eine schlimme Sache, in ihm zu kämpfen. Aber das Terrorisieren der Menschen, damit sie den Weg Gottes nicht beschreiten, das Leugnen der Geschenke und das Zurückweisen der Zeichen Gottes, das Vertreiben der Einwohner der Heiligen Stätte, ist bei Allah viel schlimmer. Die Folter als Schreckmittel für Gläubige ist schlimmer als das Töten. Sie werden so lange gegen euch kämpfen, bis sie euch von eurer Religion abbringen, soweit sie es können. Wer aber von euch von seiner Religion abkehrt und als Ungläubiger stirbt, der bekommt weder im Diesseits noch im Jenseits irgend einen Lohn für seine Werke und wird in der Hölle ewig bleiben.*"

Helft den Unterdrückten!

In der Sure an-Nisaa (4:75-6), in der die Beachtung der schwachen Gruppen in der Gesellschaft den Gläubigen ans Herz gelegt wird, und in der die Rechte dieser Gruppen geschildert werden, heißt es: "*Und wieso kämpft ihr nicht Allahs wegen und wegen der unterdrückten schwachen Männer und Frauen und Kinder, die Gott anflehen, Er möge sie aus ihrem Dorf retten, dessen Herren Tyrannen sind und ihnen starke Freunde und Helfer schicken? Die Gläubigen kämpfen Allahs wegen, und die Ungläubigen kämpfen der Tyrannen wegen. Kämpft gegen die Verbündeten des Satans. Die Listen des Satans sind aussichtslos.*"

Das Ziel des Kampfes der Gläubigen gegen die aggressiven Ungläubigen ist das Beenden ihrer Verbrechen und ihrer Folter, so daß jeder Mensch ohne Angst und ohne Druck von oben seine Religion wählen und ausüben kann. Mit anderen Worten: bis zur Gewährung der Glaubensfreiheit.

Rüstung zur Abschreckung

Um diesen Stand zu erreichen, werden die Gläubigen verpflichtet, sich nach Kräften auszurüsten, um die Feinde Gottes und die eigenen abzuschrecken. Dann werden es sich die Folterer tausendmal überlegen, bevor sie eine Aggression starten. Alles, was die Gläubigen für ihre Rüstung ausgeben, wird ihnen von Allah vielfach vergolten.

Tapfer und schlagkräftig

Wenn der Kampf trotzdem entfacht wird, so sollen die Gläubigen tapfer, mutig und hart kämpfen. Selbst wenn sie zahlenmäßig nur ein Zehntel der Feinde ausmachen, wird Allah ihnen zum Sieg verhelfen, solange sie standhaft und ausdauernd sind. Sie sollen in einer Reihe kämpfen, so, als ob sie eine starke Mauer wären, und dürfen nie dem Feind den Rücken zuwenden, es sei denn aus taktischen Gründen. Es heißt in der Sure an-Nisaa (4:104): "*Und laßt in der Verfolgung des Feindes nicht nach. Wenn ihr unter den Beschwerden des Krieges zu leiden habt, so hat er ebenso darunter zu leiden wie ihr. Ihr habt aber von seiten Gottes zu erhoffen, was er nicht zu erhoffen hat. Gott ist allwissend und weise.*"

Standhaft sein und nicht fliehen

Wenn die Gläubigen zu Tausenden an einem Ort leben, so dürfen sie nicht, wenn sie angegriffen werden, den Ort in Panik fluchtartig verlassen. Sie sollen zusammenhalten und sich verteidigen. Sich zurückziehen dürfen sie nur, um eine bessere Position für den Gegenangriff einzunehmen oder um sich einer anderen kämpfenden Gruppe anzuschließen.
Alle kampffähigen Männer, die als kleine Minderheit in einem Land leben, wo sie an der Ausübung ihrer Religion tatsächlich

gehindert werden, sollen in ein anderes Land auswandern, wo sie frei ihrer Religion nachgehen, und von wo aus sie sich für die Freiheit ihrer zurückgelassenen kampfunfähigen Geschwister einsetzen können.

Rücksichtnahme auf Unbeteiligte

In ihrem Krieg für die Gerechtigkeit und Menschenrechte und -freiheit sollen die Gläubigen hinsichtlich der Unbeteiligten äußerst schonend vorgehen. Sie dürfen keinen Mönch in seinem Kloster, kein Kind und keine Frau, die nicht kämpft, töten.

Bereitschaft zur Versöhnung

Sobald unsere Feinde erklären, sie wollen nicht mehr gegen uns kämpfen, und sie wollen ein Friedensabkommen mit uns schließen, sollen wir darauf eingehen, auch auf die Gefahr hin, sie wollten uns damit überlisten. Das ist aber eine Sache unserer Führung. Wir sollen unserer - von uns selbst gewählten - Führung gegenüber gehorsam bleiben und nicht miteinander streiten.

Wenn einer unserer Feinde während des Kampfes erklärt, er ergebe sich dem Willen Gottes, dürfen wir ihn nicht mehr töten.

Ein Friedensabkomrnen, das wir mit Nichtgläubigen abgeschlossen haben, sollen wir tunlichst einhalten, solange es nicht von der anderen Seite absichtlich gebrochen wird.

Wenn einer aus den Reihen der Feinde uns um Schutz bittet, sollen wir ihm Schutz gewähren, bis er die Botschaft Gottes hört, und ihn dann zu einem für ihn sicheren Ort bringen.

In unserem Kampf gegen die Tyrannen dürfen wir Gläubige mit Nichtgläubigen paktieren. Ein Abkommen mit ihnen sollen wir genau beachten und unsere Pflichten darin erfüllen.

Wir sollen achtgeben, daß unsere Front sauber bleibt und nicht von Heuchlern, die mit dem Feind zusammenarbeiten, durchdrungen wird. Wir sollen großen Wert auf unsere Einheit legen und dem Feind und den Heuchlern keine Gelegenheit geben, Zwietracht unter uns zu säen. Vor allem sollen wir reine Herzen

und reine Absichten haben, zu kämpfen, nur um das Wort Gottes hochzuhalten.
Ich hoffe, ich habe so weit die wichtigsten Regeln des Krieges erwähnt. Diese Regeln werden ausführlich geschildert in den Suren 2, 3, 4, 8, 9, 22, 33, 47, 48, 49, 57-61.

Zusammenfassung

Jetzt möchte ich gern zusammenfassen:
1. Die Verhältnisse in einer muslimischen Gesellschaft (abgesehen von Ausnahmen): Man beachtet Gott, wenn man etwas tut und wenn man etwas sagt. Man vergeht sich nicht, aus Furcht vor der Strafe Gottes, der einen überall sieht, und man bemüht sich, Sein Wohlgefallen zu erlangen, indem man oft an Ihn denkt, Ihn lobt und preist und sich immer gerecht, freundlich und hilfsbereit den Mitmenschen, vor allem den Schwachen, gegenüber verhält. Diejenigen, die Gott wohlgefällig sind, belohnt Er im Diesseits mit Seelenruhe und seelischem Glück und im Jenseits mit ewigem Leben in den schönsten Wohnstätten, in Seinen endlos großen paradiesischen Gärten.
2. Jeder Mensch soll das Recht haben, die Religion selbst zu bestimmen, die sein Leben beherrschen soll. Und er soll das Recht haben, diese Religion ganz frei auszuüben, solange er die Rechte seiner Mitmenschen nicht verletzt. Die Mitmenschen haben ein Recht darauf, daß ihr Leben, ihr Vermögen, ihre Würde, ihre Religion und die Entfaltung ihres Denkvermögens nicht bedroht, verletzt oder beschränkt werden.
3. Die Muslime werden dazu aufgerufen, diese Heiligtümer tunlichst zu schützen, selbst unter Gefährdung oder gar Verlust des eigenen Lebens. Das Hochhalten dieser Rechte eines jeden Menschen bedeutet das Hochhalten des Wortes Gottes, und wer im Kampf für das Wort Gottes stirbt, der ist bei Gott ein Schahid (d.h. ein Zeuge über seine Mitmenschen) und wird im Jenseits in den höchsten Stufen des Paradieses leben, zusammen mit den Gesandten Gottes. Gott hat dies den Gläubigen in allen drei Heiligen Schriften versprochen, in der Thora, im

Evangelium und im Koran, und dieses Versprechen wird Er bestimmt einhalten.
4.Die Gläubigen werden im Koran ermahnt, sich für diese Rechte, ob die eigenen oder die der Mitmenschen, einzusetzen und sich für den Kampf gegen Tyrannen, die diese Rechte beschneiden oder beschneiden wollen, mit jeglicher nur möglichen Kraft auszurüsten. Sie sollen dann den Kampf mit Beharrlichkeit aufnehmen. Gott hat ihnen versprochen, sie würden mit Seiner Hilfe siegen, wenn sie ausdauernd kämpfen, selbst wenn sie zahlenmäßig nur ein Zehntel ihrer Gegner ausmachen. Sie sind verpflichtet, sich nach Kräften vorzubereiten und auszurüsten, und dann mit vollem Vertrauen auf Gott mit Ausdauer zu kämpfen.
5. Die Gläubigen werden aufgefordert, den Kampf gegen ihre Feinde und die Feinde Gottes, die sie töten wollen, nur weil sie an den einzigen Gott glauben, und die versuchen, sie aus ihren Häusern und von ihrem Vermögen zu verjagen, hart und erbarmungslos zu führen, die Nichtbeteiligten aber - also die Frauen, Kinder, alten Menschen und Mönche, die sich nicht am Krieg beteiligen - peinlich zu schonen. Für eine Greueltat, die unser Feind uns angetan hat, darf er von uns in gleichem Maß bestraft werden, aber nicht mehr. Gott liebt nicht die Überschreitenden.
6. Als Erleichterung - aus Barmherzigkeit Gottes - erlaubt Er den Gläubigen, wenn sie zahlenmäßig weniger als die Hälfte des Feindes ausmachen, einen friedlichen Weg zu suchen und den Kampf zu vermeiden, z.B. durch eine Abfindung oder Tribut, welche sie dem überwältigenden Feind zahlen. Wenn der Feind dies ablehnt und auf ihrer Vernichtung beharrt, so sind sie verpflichtet, nicht zu fliehen, sondern sich nach Kräften zu verteidigen, bis sie in Ehre getötet oder gefangengenommen werden.

Ich hoffe, die noch bestehenden Lücken meines Vortrags mit Hilfe Allahs während der Diskussion zusammen mit Ihnen schließen zu können. Ich danke Ihnen für die Aufmerksamkeit, bitte Allah um Vergebung meiner und Ihrer Sünden, und bitte Ihn um Frieden und Gnade für unseren Propheten Muhammad und lobpreise Allah, den Herrn aller Welten.

WAS SAGT DER ISLAM ZU KRIEG UND FRIEDEN?

Ahmad v. Denffer
(April 1991)

Diese Frage beschäftigt gerade heutzutage viele Menschen. Darauf eine zutreffende sachliche Antwort zu erhalten, ist nicht leicht. Das Wort Islam ist in aller Munde, ebenso der Krieg. Fast automatisch stellt sich da eine Verbindung her. Viele Politiker, Medien und sogenannte Nahost-Experten tun ein Übriges, indem sie Ängste schüren vor dem Islam und seinem "Heiligen Krieg".

Islam heißt Friedenmachen

Zwar redet heutzutage fast jeder vom Islam, doch weiß kaum jemand, was das Wort in Wirklichkeit bedeutet. Für die meisten Menschen ist es einfach der Name einer Weltreligion. Darüber aber daß schon der Name das Wesentliche über diesen Glauben mitteilt, macht man sich meist keine Gedanken. Dabei beruht gerade auf dieser Unkenntnis der wirklichen Bedeutung des Wortes *Islam* wohl der größte Teil der Vorurteile und Mißverständnisse, die dem Islam entgegengebracht werden. Das Wort *Islam*, ins Deutsche übertragen, bedeutet: *Friedenmachen*. Der Islam versteht sich als die Religion und Lebensweise des Friedenmachens. Das Friedenmachen, wie schon der Name sagt, ist das Programm des Islam. Der Islam will Frieden machen in allen Bereichen, die für den Menschen von Bedeutung sind. Der Mensch soll Frieden machen mit Gott und mit sich selbst, mit seinen Mitmenschen und mit Gottes Schöpfung. Ein Mensch, der dies verwirklichen will, ist *Muslim*, d.h. "einer der Frieden macht."

Kein "Heiliger Krieg"

Nun fragt man sich vielleicht: Wie paßt das zusammen mit dem "Heiligen Krieg"? Die Antwort darauf ist sehr einfach: Der

"Heilige Krieg" hat nichts mit dem Islam zu tun. Dieser Begriff kommt im Koran, der Heiligen Schrift des Islam, überhaupt nicht vor. Er ist dem Islam fremd. Ursprünglich stammt dieser Begriff wohl aus dem Mittelalter der Zeit der Kreuzzüge, als man im christlichen Abendland aufrief zu einer Kriegsfahrt in den Orient, auch damals gegen den Islam und die Muslime. Das nannte man einen "Heiligen Krieg". Wie wir heute wissen, waren diese Kreuzzüge alles andere als "heilig". Kaum jemand im Abendland würde sich heute noch mit jenem Mißbrauch von religiösen Gefühlen der Menschen identifizieren wollen. Aber der Begriff des "Heiligen Krieges" hat sich erhalten. Nur wird er, wie nach dem Motto "Haltet den Dieb!", jetzt dem Islam und den Muslimen aufgestülpt, gegen die er sich in Wirklichkeit ja ursprünglich zuallererst gerichtet hatte.

Und was ist dann Dschihad?

Dies ist die nächste Frage, die sich hier anschließt. Nun gut, wird man vielleicht sagen, der "Heilige Krieg" steht so nicht im Koran, aber den Dschihad, den gibt es doch, und ist das denn nicht dasselbe? Nein, es ist nicht dasselbe! *Dschihad* ist ein Wort aus dem Koran, aber es bedeutet weder "heilig" noch "Krieg". Es ist nicht einfach zu übersetzen. Am besten drückt man es im Deutschen so aus: "etwas mit ganzem Einsatz tun", oder "sich voll und ganz einsetzen". So ist eigentlich alles, was ein Muslim (einer, der Frieden macht) "mit ganzem Einsatz" tut: *Dschihad*. Sein Eintreten für Frieden und Gerechtigkeit wären ohne Dschihad, d.h. ohne ganzen Einsatz, nur halbherzig und unaufrichtig. Der Prophet Muhammad (s) hat gesagt: "Der beste Dschihad ist, das Wort der Wahrheit (und des Rechts) vor einem ungerechten Herrscher zu sprechen." Man sieht an dieser Aufforderung sehr deutlich, welche Art von "ganzem Einsatz" hier gemeint ist: die persönliche Überwindung von Angst, Eigeninteresse und Egoismus. Dieser Dschihad ist auch ein Kampf - und zwar ein Kampf gegen das eigene Ich. So wird dem Propheten Muhammad (s) der Ausspruch zugeschrieben, als er einmal mit seinen Gefährten von einem Feldzug zurückkehrte: "Wir kehren zurück vom kleinen Dschihad zum großen Dschihad." Den Kampf mit der Waffe bezeichnete er also im Vergleich mit dem Kampf gegen das Ich als den kleineren Einsatz. Das sollte man im Blick behalten, wenn man über Krieg und Frieden im Islam spricht.

Kein blinder Pazifismus

Der Islam vertritt keinen blinden Pazifismus, d.h. er verlangt von seinen Anhängern nicht, das eigene Leben oder die Menschen, für die man verantwortlich ist, dem Prinzip einer absoluten Gewaltfreiheit zu opfern. Der Koran sagt: "*Euch ist der Kampf vorgeschrieben, und er ist euch zuwider, und es ist möglich, daß euch etwas zuwider ist, das gut für euch ist, und es ist möglich, daß euch etwas lieb ist, was schlecht für euch ist, und Allah weiß, aber ihr wißt nicht.*" (2:216). Damit erkennt der Koran wohl an, daß die gewalttätige Auseinandersetzung in der Regel unerwünscht ist, aber er untersagt sie nicht völlig, sondern stellt klare Grundsätze für Gewaltandrohung, Gewaltanwendung und Gewaltverzicht auf. Diese sollen nun kurz betrachtet werden.

Gegen Glaubenszwang

Der Kampf, der dem Muslim in der obigen Koranpassage vorgeschrieben ist, hat ein klar umrissenes Ziel. Es ist der Kampf gegen Zwang im Glauben und für die Freiheit des Bekenntnisses zu Gott. Der Koran sagt: "*Kein Zwang im Glauben - das rechte Handeln und das Fehlgehen sind schon klar unterschieden.*" (2:256). Ein deutlicheres Bekenntnis zur religiösen Toleranz findet man in keiner heiligen Schrift einer anderen Weltreligion. Der Muslim hat den Auftrag, dieses Menschenrecht der Freiheit des Bekenntnisses zu Gott in jedem Fall zu schützen, notfalls auch mit Gewalt, selbst wenn damit manche bestehende

Konvention gebrochen werden muß - wie im alten Arabien der "heilige Monat", in dem der Kampf an sich verboten war: "*Sie fragen dich nach dem heiligen Monat, dem Kämpfen darin. Sag: 'Kämpfen darin ist schlimm, doch Abhalten von Allahs Weg und Ihn leugnen und (Abhalten von) der Heiligen Moschee und ihre Leute von dort zu vertreiben, ist schlimmer bei Allah, und die Zwietracht ist schlimmer als der Kampf. Und sie hören nicht auf, euch zu bekämpfen, bis sie euch von eurem Glauben abtrünnig gemacht haben, wenn sie das können...'*" (2:217). Dies ist der Zusammenhang, in welchem der Koran den Kampf nicht nur erlaubt, sondern sogar vorschreibt. Der Muslim hat nicht nur das Recht, sondern er hat die Pflicht, die Freiheit des Bekenntnisses zu Gott auch mit Gewalt zu verteidigen gegenüber denjenigen Feinden, die ihrerseits den gläubigen Menschen hindern, nach Gottes Weg zu leben, an Ihn zu glauben, Seine Gebetsstätten zu besuchen und sich dort in Frieden aufzuhalten. All diese Vergehen gegen die Menschenrechte bezeichnet der Koran an anderen Stellen zusammenfassend mit dem Begriff "Dsulm", d.h. Unterdrückung und Gewalttätigkeit.

Gegen Unterdrückung

Der Kampf gegen den Glaubenszwang ist zugleich ein Kampf gegen Gewalttätigkeit und Unterdrückung. Deshalb zeigt der Koran an einer anderen Stelle diesen Zusammenhang auch unmißverständlich auf: "*Und was ist mit euch, daß ihr nicht auf Allahs Weg kämpft und für die Unterdrückten von den Männern und den Frauen und den Kindern, die sagen: 'Unser Herr bring uns heraus aus dieser Stadt, deren Leute Tyrannen sind, und gib uns von Dir aus einen Beschützer und gib uns von Dir aus einen Helfer'?*" (4:75). Der Muslim darf nicht nur, sondern er muß eintreten für den Schutz der Menschen, die Gott um Hilfe gegen die Tyrannei anrufen. Das nennt der Koran den "Kampf auf Allahs Weg". Den Kampf für "weltliche" Ziele hingegen lehnt der Islam strikt ab.

Kein anderer Krieg

Ebenso unmißverständlich, wie der Koran den Kampf gegen Glaubenszwang und Unterdrückung befiehlt, verbietet er auch jedweden Krieg, der aus anderen Gründen geführt wird, seien das politische Macht, wirtschaftlicher Einfluß, Bodenschätze, National- oder Rassenstolz und was auch immer vorstellbar ist. All dies bezeichnet der Koran mit dem Sammelbegriff der "Güter dieser Welt". Dem Diesseits steht nach islamischer Auffassung das Jenseits, das Leben nach dem Tod, gegenüber: "*Und das Jenseits ist besser und bleibender.*" (87:17). Der Muslim richtet sein Verhalten - auch im Kampf - deshalb nicht nach den "Gütern dieser Welt" aus. Der Koran untersagt ihm das mit den Worten: "*Ihr Gläubigen, wenn ihr auf Allahs Weg auszieht, dann schafft Klarheit und sagt nicht zu dem, der euch Frieden anbietet: 'Du bist kein Gläubiger', und ihr erstrebt (dabei nur) die Güter des Lebens dieser Welt, und bei Allah ist vielfältiger Gewinn, (genau) so wart ihr früher, dann war Allah gütig zu euch, also schafft Klarheit, Allah kennt, was ihr tut.*" (4:94). Mit anderen Worten: Wer als gläubiger Mensch Krieg aus anderen als den von Gott erlaubten Gründen führen würde, handelt so wie früher d.h. bevor er durch Gottes Güte gläubig wurde. Dann wäre er nicht anders als andere Menschen auch. Der Muslim muß anders sein, denn sein Auftrag ist Friedenmachen. Streit und Krieg um die Güter dieser Welt aber bringen keinen Frieden. Deshalb rät der Koran zu bestimmten Wegen, den Krieg zu verhindern und den Frieden zu sichern.

Friedenssicherung

Der Koran nennt vier Prinzipien zur Friedenssicherung und Kriegsverhinderung. Diese könnte man auch Grundsätze der islamischen Friedenserziehung nennen. Als erstes vertritt der Koran das schon genannte Prinzip "Kein Zwang im Glauben". Das Eintreten für die Freiheit der Menschen, sich zu Gott zu bekennen, ist sein Fundament der Friedenssicherung.

Zweitens stellt der Koran den Krieg unter die härteste Bestrafung und ruft die schlimmen Folgen davon ins Bewußtsein der Menschen: "*Die Vergeltung für diejenigen, die mit Allah und Seinem Gesandten Krieg führen und im Land Verderben stiften, ist, daß sie getötet oder gekreuzigt werden, und daß ihre Hände und ihre Füße wechselseitig abgeschlagen werden, oder sie aus dem Land verbannt werden; dies ist ihre Vergeltung in dieser Welt, und im Jenseits ist für sie schmerzliche Strafe (bestimmt).*" (5:33). Nach dieser Aussage des Korans ist also die Kriegsanzettelung mit der Todesstrafe oder zumindest der Verbannung bedroht. Dadurch soll der Krieg verhindert werden.

Drittens verlangt der Koran von seinen Gläubigen Friedenssicherung nicht nur durch Worte, sondern durch erkennbare Maßnahmen, die jedermann klarmachen, daß diese Ziele des Eintretens gegen Glaubenszwang und Tyrannei und für die Sicherung des Friedens nicht nur proklamiert werden, sondern auch gegen jede Bedrohung geschützt werden können: "*Und rüstet gegen sie, wozu ihr imstande seid, an Streitmacht und den Streitrossen, damit ihr die Feinde Allahs und eure Feinde einschüchtert, und andere außer ihnen, die ihr nicht kennt.*" (8:60). Das Ziel dieser Maßnahme ist eindeutig angesprochen: Es geht um die Verhinderung des Krieges.

Viertens erwähnt der Koran an verschiedenen Stellen das Abschließen von Verträgen, die dazu führen, daß keine Kriege geführt werden. Ein solcher Vertrag gilt nur dann nicht mehr, wenn der Vertragspartner ihn gebrochen hat. In diesem Fall wird der Muslim das nicht hinnehmen, weil der Koran ihm aufträgt: "*Und wenn sie ihre Eide nach ihrem Vertrag gebrochen haben und euch wegen eurer Religion schmähen, dann kämpft gegen die Anführer des Unglaubens - für sie gibt es keine Eide, vielleicht lassen sie (dann) ab.*" (9:12). Auch hier wird noch einmal deutlich, daß im Mittelpunkt der islamischen Lehre von Krieg und Frieden der Schutz der Freiheit des Bekenntnisses zu Gott steht.

Notwehr ja

Schließlich sind auch die Gebote des Korans, einen Krieg nicht zu beginnen und ihn baldmöglichst zu beenden, wesentliche Mittel der Friedenssicherung. Der Muslim hat das Recht der Selbstverteidigung, wenn er angegriffen wird. Aber er hat ebenso die Pflicht, den Kampf auch zu beenden, wenn der Feind ihn einstellt. Die Haltung des Muslims, was den Krieg betrifft, ist also immer eine Erwiderung auf das, was ihm geschieht: "*Und bekämpft diejenigen auf Allahs Pfad, die euch bekämpfen, und übertretet nicht (Allahs Grenzen). Allah liebt die Übertreter nicht. Und tötet sie, wo ihr sie antrefft, und vertreibt sie, von wo sie euch vertrieben haben... und wenn sie aufhören - Allah ist verzeihend und barmherzig, und bekämpft sie, bis es keine Zwietracht mehr gibt und die Religion Allahs ist. Und wenn sie aufgehört haben, dann (gibt es) keine Feindschaft, außer gegen die Ungerechten.*" (2:190-193). Hier sind auch noch einmal die einzigen erlaubten Kriegsgründe genannt: Selbstverteidigung gegen Angriff und Vertreibung, d.h. "Dsulm" (Unterdrückung, Tyrannei), und Freiheit des Bekenntnisses zu Gott, d.h. "bis die Religion Allahs ist". Noch eindeutiger heißt es im Koran: "*Es ist denen erlaubt, die kämpfen, weil ihnen Unrecht geschah, und Allah ist ihnen zu helfen schon imstande, diejenigen, die herausgetrieben wurden aus ihren Häusern, ohne Recht, nur weil sie sagten: 'Unser Herr ist Allah' - und wenn es nicht Allahs Abwehren der Menschen untereinander gäbe, wären bestimmt die Einsiedeleien zerstört und die Kirchen und Gebetsstätten und Moscheen, in denen Allahs Namens viel gedacht wird...*" (22:39-40).

Frieden und Gerechtigkeit herstellen

Im übrigen weist der Satz "*Und wenn sie aufgehört haben, dann (gibt es) keine Feindschaft, außer gegen die Ungerechten*" (2:193) die Muslime an, auch nach dem Kampf, wie schon zuvor, für Frieden und Gerechtigkeit einzutreten. Diese

Friedensbereitschaft fordert der Koran in jedem Fall: "*Und wenn sie dem Frieden zugeneigt sind, dann seid (auch) ihr ihm zugeneigt und vertraut auf Allah...*" (8:61). Der Koran zwingt den Menschen nicht, den Islam anzunehmen. Aber dem Grundsatz "Freiheit des Bekenntnisses zu Gott" und "Schutz vor Unterdrückung" muß sich jeder unterstellen und dies auch mit Entrichtung einer Steuer unter Beweis stellen: "*Kämpft... bis sie die Ersatz-Steuer (Dschizja) aus der Hand gegeben haben und sie Untertanen (geworden) sind.*" (9:29).

Was steht dem entgegen?

Dies sind kurz zusammengefaßt die wichtigsten Grundsätze über Krieg und Frieden im Islam. Wer sie berücksichtigt, kann sich nun selbst eine Meinung darüber bilden, wann für die Muslime Widerstand gegen einen Angriff auf Freiheit und religiöses Bekenntnis erlaubt und gefordert ist, und wann die religiösen Gefühle der Menschen zu ganz anderen Zwecken mißbraucht werden. Darüberhinaus sollte man nun aber auch zu einer gerechten Beurteilung dieser islamischen Grundsätze kommen können und sich fragen, was ihnen eigentlich entgegensteht. Was steht wirklich gegen

- Schutz vor Glaubenszwang?
- Schutz vor Unterdrückung und Tyrannei?
- Einsatz für Freiheit und Menschenrechte?
- Verbot jedweder sonstiger Waffengewalt?
- Bemühen um Friedenssicherung?
- Verbot des Angriffs?
- Erlaubnis der Notwehr?
- Friedenmachen auf allen Ebenen?